Von guten Mächten beschützt

Führung und Fügung

Wolfgang Link

Für Jutta Fuchs, die mir die Inspiration zum Verfassen des Märchens 'Eine wundervolle Begegnung' gab, in Liebe und Dankbarkeit zugeeignet

Impressum

Bibliografische Information der Deutschen Nationalbibliothek:
Die Deutsche Nationalbibliothek verzeichnet diese Publikation in der
Deutschen Nationalbibliografie; detaillierte bibliografische Daten
sind im Internet über http://dnb.dnb.de abrufbar.

© Wolfgang Link Gengenbach 2021

Technische Ausführung David Zimmermann

Herstellung und Verlag: BoD – Books on Demand, Norderstedt

ISBN: 978-3-7543-5799-6

Statt eines Vorwortes

1. Von guten Mächten treu und still umgeben,

behütet und getröstet wunderbar.

So will ich diese Tage mit euch leben

und mit euch gehen in ein neues Jahr.

2. Noch will das alte unsre Herzen quälen,

noch drückt uns böser Tage schwere Last,

Ach Herr gib unsren aufgeschreckten Seelen

das Heil, für das du uns geschaffen hast.

3. Und reichst du uns den schweren Kelch, den bittern,

des Leids, gefüllt bis an den höchsten Rand,

so nehmen wir ihn dankbar ohne Zittern

aus deiner guten und geliebten Hand.

4. Doch willst du uns noch einmal Freude schenken

an dieser Welt und ihrer Sonne Glanz,

dann wolln wir des Vergangenen gedenken

und dann gehört dir unser Leben ganz.

5. Lass warm und hell die Kerzen heute flammen

die du in unsre Dunkelheit gebracht,

Führ, wenn es sein kann, wieder uns zusammen.

Wir wissen es: Dein Licht scheint in der Nacht.

6. Wenn sich die Stille nun tief um uns breitet,

so lass uns hören jenen vollen Klang

der Welt, die unsichtbar sich um uns weitet,

all deiner Kinder hellen Lobgesang.

7. Von guten Mächten treu und still umgeben,

behütet und getröstet wunderbar.

So will ich diese Tage mit euch leben

und mit euch gehen in ein neues Jahr.

Dietrich Bonhoeffer

Inhalt

1. GEBOREN IM INFERNO DES ZWEITEN WELTKRIEGES

Das 2o. Jahrhundert brachte über Deutschland und Europa unendlich viel Leid. Der Vergleich der Jahre 1914-1945 mit dem Dreißigjährigen Krieg ist zumindest vom Standpunkt des Leidens der Zivilbevölkerung gerechtfertigt.

Not und Elend waren in meinen ersten Lebensjahren prägend. So erblickte ich das Licht der Welt in Freiburg bei Fliegeralarm. Der verheerendste der insgesamt 10 Angriffe auf meine Heimatstadt war am Abend des 27. November 1944. Ohne jede militärische Notwendigkeit bombardierten englische Flugzeuge 20 Minuten die wehrlose Stadt und richteten ein Inferno, vergleichbar der Vernichtung Dresdens an. Im Nordwesten der Stadt stand kein einziges Haus mehr. Trümmer, Bombenkrater, sinnlose Verwüstung, über 3000 Opfer des Bombenterrors. Auch ein Haus in unmittelbarer Nachbarschaft wurde durch einen Volltreffer zerstört. Die leicht gebauten Keller boten keinen Schutz. Dass wir, meine Mutter, meine Schwester und ich sowie meine Verwandten dies alles überlebten, grenzt an ein Wunder. Alles nur Zufall?

(Mehr dazu in meinem Buch 'Nie wieder Krieg' bei Books on Demand)

Die ersten vier Jahre meines Lebens wuchs ich ohne Vater auf. Er wurde als Funker an der Westfront eingesetzt. Gegen Ende des Krieges erhielten wir kein Lebenszeichen von ihm mehr. War er gefallen? Oder als erklärter NS-Gegner umgebracht worden?

Ebenso erhielt er gegen Kriegsende keine Post aus der Heimat mehr. Ihn quälte die Ungewissheit, ob wir den Fliegerangriff auf Freiburg überlebt hätten. Er hatte ja von der Bombardierung gehört.

2. HEIMKEHR

19. Juli 1946. Früh morgens an meinem vierten Geburtstag klingelte es. Neugierig öffnete ich die Wohnungstür. Vor mir stand ein Mann in olivgrüner Kleidung, ähnlich der Uniform der verhassten französischen Besatzer. Angsterfüllt lief ich in die Wohnung mit den Worten: „Draußen steht ein Franzos". Umso verblüffter war ich, als meine Mutter den vermeintlichen Franzosen in die Arme schloss- es war mein Vater.

Jahrzehnte später. Mein Vater hatte infolge eines Kunstfehlers einen schweren Infekt davongetragen. Obwohl er anfangs nach Aussagen seines Arztes mutig dagegen kämpfte, schwanden seine Kräfte in dem Maße, wie seine Schmerzen zunahmen. Nach Monaten schwerer Krankheit schlief er friedlich ein. Sein Gesicht strahlte auch nach seinem Tode Würde aus. Wir lasen daraus: Er war in die ewige Heimat heimgekehrt.

3. FÜHRUNG UND FÜGUNG

Trotz widriger Umstände durch Krieg und Nachkriegszeit erlebte ich in der Familie dank der liebevollen Zuwendung von Eltern, Großeltern, Onkel und Tanten viel Zuneigung und Geborgenheit. Und dies bei Fliegeralarm während meiner Geburt und dem Schock der Bombennacht am 27. November 1944. Folge waren schlechter Schlaf, Herzerkrankung und Depressionen. Heilsam war für mich ein viermonatiger Aufenthalt in Basel auf Einladung von Verwandten. Da erlebte ich eine heile Welt ohne Hunger, Kälte und Entbehrungen.

Der Lehrer der ersten Klasse war wie ein zweiter Vater. Er hatte seine Schüler gern. Er gab mir nicht nur einen guten Start ins Schulleben. Sein Vorbild prägte mich bis zum Erwachsensein. Seine Aussage gegenüber meinen Eltern, 'aus dem wird mal was' war für mich gerade im Hinblick auf mangelndes Selbstwertgefühl infolge eines teilweise verkorksten Religionsunterrichtes in späteren Jahren aufbauend und stabilisierend.

Der Tag der Erstkommunion war für mich richtungweisend für mein weiteres Glaubensleben. Nie habe ich ernsthaft an der christlichen Botschaft gezweifelt, obwohl in der Naturwissenschaft atheistische Strömungen und neopositivistische Philosophie vorherrschten.

Seit 15 Jahren bin ich Mitglied der Franziskanischen Gemeinschaft, weil mir die diese Spiritualität -Leben nach dem Evangelium- besonders zusagt.

4. NOCH EINMAL DAVONGEKOMMEN

In der Sexta „bekriegten" wir uns mit Papierbolzen, die wir mit Gummibändern abschossen. Ein solches Geschoss traf mich mit voller Wucht ins Auge. Bei der sofortigen Einlieferung ins Krankenhaus gab mir der Augenarzt nur wenig Hoffnung, dass das schwer verletzte Auge gerettet werden könne. Nach achttägigem Aufenthalt war - oh Wunder- das Auge verheilt. Der Ausfall eines Auges hätte mir den Zugang zu vielen Berufen unmöglich gemacht. Dank göttlicher Fügung blieb mir dies jedoch erspart.

5. FÖRDERUNG MUSISCHER BEGABUNG

Im Gymnasium wurde meine Neigung zur Malerei und Naturwissenschaften sehr gefördert. Meine musikalische Begabung wurde durch einen hervorragenden Musikunterricht in der Oberstufe des Gymnasiums sowie eine ausgezeichnete Privatlehrerin gefördert. Sie leitete mich in der Kunst des Flöten- und Klavierspieles an. Ebenso verdanke ich meine künstlerische Entfaltung einem erstklassigen Zeichenlehrer.

6. MEINE POLITISCH-WELTANSCHAULICHE AUSRICHTUNG

Mein Interesse an der Weltpolitik wurde durch die Ereignisse vom 17. Juni 1953 in der Sowjetischen Besatzungszone und der Niederschlagung des Volksaufstandes in Ungarn Anfang November 1956 geweckt. Diese Vorgänge, die mich stark bewegten, bildeten die Grundlage meines späteren Einsatzes für unschuldig Verfolgte in kommunistischen Staaten im Rahmen der Internationalen Gesellschaft für Menschenrechte Frankfurt. Dies wurde verstärkt durch die Traktate meines Religionslehrers, der meist die Hälfte seines Unterrichtes politisierte. Meine Sympathie galt politischen Parteien und Bürgerinitiativen, die pragmatisch, an Grundwerten orientiert, nicht ideologisch ausgerichtet waren und sich für die Bewahrung des christlichen Abendlandes und der Schöpfung einsetzten. Hier lernte ich viele Gleichgesinnte kennen, mit denen ich teilweise über Jahrzehnte freundschaftliche Beziehungen pflegte. Die Achtundsechziger -Revolution habe ich entschieden abgelehnt, weil sie nur alles Bisherige zerstören wollte, ohne etwas Besseres zu bieten.

7. BERUFSWAHL

Von den vielen Neigungen und Berufsaussichten wählte ich das Studium der Naturwissenschaften aus, weil diese Richtung am meisten meinen Vorstellungen, die Berufsausübung betreffend, entsprachen. Nach Examen und Promotion entschied ich mich trotz schwieriger Voraussetzungen, bedingt durch die

Achtundsechziger Revolution, fürs Höhere Lehramt. Dies eröffnete mir mehrere zusätzliche Möglichkeiten. So konnte ich auf Bitte meines Direktors das Fach Bildende Kunst unterrichten und mit einer Film-Arbeitsgemeinschaft meinen Jungendtraum verwirklichen. Darüber hinaus habe ich mich in Zusammenarbeit mit den Franziskanerinnen Gegenbach für Anliegen der Mission und der Dritten Welt eingesetzt. Nach dem Fall des Eisernen Vorhangs Ende 1989 fuhr ich Hilfsgütertransporte nach Kroatien und Rumänien.

2006 schloss ich mich der Franziskanischen Gemeinschaft an, der ich bis heute angehöre. 2007 erfuhr ich an der Wirkungsstätte des heiligen Franziskus eine Wunderheilung von Depressionen, einer Spätfolge des Bombenterrors.

Die Liebe zur Schriftstellerei entdeckte ich im Rahmen meiner Tätigkeit als Leiter einer Film-Arbeitsgemeinschaft erst mit Ende fünfzig. Die Herausgabe von Büchern ist für mich bis heute eine erfüllende Tätigkeit.

8. VOR UNFÄLLEN MIT TÖDLICHEM AUSGANG BEWAHRT

Nach Ende des Zweiten Weltkrieges waren selbst in Großstädten die Straßen fast autofrei. Unterwegs waren Busse, Polizeifahrzeuge, Post- und Lieferwagen. Selbst auf den breitesten Durchgangsstraßen spielten Kinder, ohne Rücksicht auf den Autoverkehr nehmen zu müssen. Dies verführte zu Unachtsamkeit. Wie ein Mitbewohner, von Beruf

Polizeibeamter, meiner Mutter berichtete, wäre ich beim Überqueren der Straße fast von seinem Auto erfasst worden.

Im gleichen Jahr hätte ein Sturz tödliche Folgen haben können. Meine Großtante nahm mich zum Verwandtenbesuch an den Kaiserstuhl mit. Hier trinkt man Wein wie anderswo Wasser. Auch mir wurde ein Glas hingestellt. Ziemlich benebelt stürzte ich die Treppe hinunter und war so betäubt, dass ich keinen Schmerz empfand. Mein Schutzengel hatte mich vor Schlimmerem, etwa Genickbruch, bewahrt.

Jahrzehnte später. Ausgerechnet auf einem Radweg wurde ich von einem entgegenkommenden, in eine Tankstelle abbiegenden Auto zusammengefahren. Dieser Unfall hätte tödlich ausgehen können. Die beiden geschilderten Vorfälle waren nicht die einzigen, bei denen ich mich in Lebensgefahr befand. Dass es jedes Mal zu keinen ernsthaften Verletzungen kam, grenzt an ein Wunder.

Zufall oder höhere Fügung?

9. ICH DANKE

Ich danke für 76 Jahre Frieden

Ich danke für die Politiker, die mit Weisheit die Geschicke Deutschlands und der Welt lenkten

Ich danke für die Öffnung des Eisernen Vorhangs und den Fall der Berliner Mauer

Ich danke für das tägliche Brot und dafür, dass ich nicht mehr hungern muss

Ich danke für meine Familie, in der ich viel Wärme, Geborgenheit und Verständnis erfahren durfte

Ich danke für die heimelige Atmosphäre zuhause

Ich danke für meinen Glauben, die Zugehörigkeit zur Kirche und zur Franziskanischen Gemeinschaft

Ich danke für das Mitfeiern erhebender Gottesdienste.

Ich danke für die Musik, die Malerei, die Literatur, die Baukunst und die Errungenschaften von Wissenschaft und Technik

 Ich danke für die Lehrer und Hochschullehrer, die mir einen guten Start ins Berufsleben ermöglichten. (Damit sind auch weibliche Personen gemeint. Da ich nicht unsere schöne deutsche Sprache verhunzen möchte, verzichte ich bewusst auf den Genderwahn)

Ich danke für geistliche Begleiter

Ich danke für gute Freundschaften, insbesondere für Jutta und Dieter

Ich danke für viele Jahre Harmonie, das Einssein und wunderbare gemeinsame Erlebnisse und Begegnungen

Ich danke für erfülltes Wirken im Beruf und den Einsatz für Entrechtete

Ich danke für die festliche Uraufführung des von mir gedrehten Spielfilms 'Die goldene Rose' und weiterer Produktionen

Ich danke für die erhebende Hochzeitsfeier und viele Jahre Harmonie, die ich mit Ilse erleben durfte

Ich danke für die herrliche Natur, in der ich leben darf.

Ich danke für die Erlebnisse auf einem hohen Berg. Die Welt unter mir erscheint klein. Die Alltagssorgen verlieren an Bedeutung und belasten mich nicht mehr. Eine feierliche Stille umgibt mich. Der Himmel wölbt sich über mir. Mir ist zumute, wie wenn ich in einer Kathedrale einen feierlichen Gottesdienst erlebe

10. KATASTROPHEN DANK UMSICHTIGER POLITIK IN LETZTER MINUTE ABGEWENDET

Nach dem Schrecken der beiden Weltkriege und der Gründung der Uno mit ihren Unterorganisationen hofften insbesondere die unter den Kriegsfolgen leidende Bevölkerung, dass militärische Konfrontationen endgültig der Vergangenheit angehören.

Dennoch: Mehrmals stand die Welt am Vorabend neuer Konflikte mit verheerenden Folgen.

Die Berlin-Blockade durch Stalin stellte eine derartige Bedrohung dar. Es ist der umsichtigen Politik der Amerikaner zu verdanken, dass durch Einrichten einer Luftbrücke zur Versorgung Westberlins Deutschland und Europa ein weiterer Krieg mit katastrophalen Folgen erspart blieb.

Die Kubakrise 1962 hätte beinahe zu einem Schlagabtausch zwischen den Atommächten USA und der Sowjetunion geführt mit Deutschland als möglichem atomaren Schlachtfeld und unabsehbaren Folgen für das Leben auf der Erde.

Vor der Weltöffentlichkeit weitgehend verborgen waren die Vorbereitungen zur Zerschlagung der friedlichen Revolution in der DDR. Wie Augenzeugen mir berichteten, waren in Leipzig, einem Zentrum des gewaltlosen Widerstandes gegen die Honecker-Diktatur, Scharfschützen postiert. In Schulen und Turnhallen wurden Lazarette eingerichtet. Man rechnete mit dem Schlimmsten. Dagegen hatte der Generalsekretär der Sowjetunion, Michail Gorbatschow, der ungarischen Regierung schon im Mai 1989 zugesichert, ein zweites Blutvergießen wie beim Ungarnaufstand 1956 werde es nicht geben. Dieselbe Linie verfolgte er auch bei der deutschen Frage und hielt den Scharfmachern in der DDR ein klares Njet entgegen.

Die friedliche Revolution in der DDR und die Wiedervereinigung- in Frieden und Freiheit - eine Sternstunde der deutschen Geschichte

11. BEDROHUNG BEI FAHRT VON HILFSGÜTERTRANSPORTEN INS ARMENHAUS EUROPAS

Nach dem Fall des Eisernen Vorhangs fuhr ich zusammen mit Kameraden Hilfsgütertransporte nach Rumänien. Derartige Fahrzeug durften vorbei an den teilweise kilometerlangen Autoschlangen ohne stundenlange Wartezeiten vorbeifahren und wurden am Zoll bevorzugt abgefertigt. Dies wollten einige dunkle Gestalten verhindern, offenbar in der Absicht, uns nachts auszurauben. Sie drohten uns, unseren Wagen den Abhang hinunterzuwerfen. Kurz entschlossen gingen wir zu zweit zum Zollhaus, während ein Aufpasser im Wagen zurückblieb. Dank eines Dolmetschers konnten wir uns problemlos versständigen, erhielten Geleitschutz von Soldaten. Diese geleiteten uns auf einer nur für Militärfahrzeuge vorgesehenen Straße sicher über die Grenze. Ohne diesen Schutz von oben wären wir den Banditen ausgeliefert gewesen.

12. KNAPP DEM STURZ IN DIE GLETSCHERSPALTE ENTKOMMEN

Beim Abstieg von der 3900 Meter hohen Ebenen Fluh im Wallis mussten wir mehrere Gletscherbrücken überqueren. Entgegen unserer Absicht, in der Dämmerung aufzubrechen, folgten wir dem Rat der Hüttenwirtin, erst um acht Uhr zu starten. Dies wäre mir beinahe zum Verhängnis geworden. In der ersten Tageshälfte tragen die Schneebrücken besser, weil das Eis noch nicht aufgetaut ist. Mein Neffe, der vorausging, hatte bei der letzten Spalte kein Problem. Unter mir gab das Eis nach. Ich legte mich sofort flach hin, und mein Neffe zog mich, weiter unten abgesichert, am Seil heraus. Ich bin noch einmal davongekommen.

13. GEFÄHRLICHE VULKANTOUR

Auf einer Italienreise, die nach Sizilien und in den Raum Neapel führte, war die Insel Stromboli ein Höhepunkt. Eine Besteigung des Kraters war für den frühen Abend vorgesehen. Ich wollte den Vulkanausbruch auch bei Tageslicht bewundern, und so stieg ich allein den Berg hoch. Es hatte sich gelohnt. In Abständen von etwa sechs Minuten schoss aus dem Vulkaninneren eine rotglühende Lavafontäne hervor, gefolgt von einem aschgrauen Rauchpilz. In sicherer Entfernung konnte ich mit einigen Unentwegten, die die Nacht auf dem Gipfel verbringen wollten, das Schauspiel. bestaunen. Plötzlich zog ein Gewitter auf, gefolgt von Starkregen. Was tun? Ich musste noch in der Nacht zurückkehren, da am anderen Morgen das Schiff weiterfuhr. Der Abstieg durch Geröllfelder in stockdunkler Nacht war lebensgefährlich. Hinzu kam die Gefahr, vom Blitz erschlagen zu werden. Um mich summte es wie in einer Transformatorenstation. Erst als ich von ferne meinen Namen rufen hörte und durch den aufziehenden Nebel Lichter von Taschenlampen erkannte, wusste ich: Ich bin gerettet. Da waren gute, beschützende Mächte am Werk.

14. KNAPP AN EINEM FLUGZEUGABSTURZ VORBEIGESCHRAMMT

August 1970. Mit einem Flugzeug der Arab Airlines treten wir den Rückflug von Kairo nach Frankfurt an. Zunächst scheint alles in Ordnung zu sein. Doch in Höhe Kreta verliert der Flieger plötzlich an Höhe, fängt sich wieder und gerät in Schieflage. Die Sauerstoffversorgung ist zusätzlich schlecht. Leichenblass, aufs Äußerste gefasst, beobachten die Passagiere, dass der Pilot statt der planmäßigen Zwischenlandung in Rom Kurs auf Nord-Ost-Griechenland nimmt. Im Tiefflug rast das Flugzeug über einer dicht besiedelten Stadt, so niedrig, als ob er Häuser streifte. Alle atmen erleichtert auf, als wir ohne Bruchlandung an einem uns unbekannten Flughafen ankommen. Es war Saloniki. An eine Weiterfahrt mit dieser Bruchkiste war nicht zu denken. Wie wir nachträglich erfuhren, waren ein Triebwerk und die automatische Navigation ausgefallen. Nur das hervorragende Können des Flugzeugführers verhinderte eine Katastrophe.

15. MEHR ENTFALTUNG MEINER BEGABUNGEN NACH ANFEINDUNG

Herbst 1973. Die Diskussion über die Reform des § 218 war unter der damaligen sozial-liberalen Regierung voll entbrannt: Unversöhnlich standen die Befürworter der Fristenlösung (Legalisierung der Abtreibung bis zum dritten Monat) und der Vertreter der strengen Indikationslösung (Schwangerschaftsabbruch nur bei Gefahr für das Leben der Mutter und Schwangerschaft nach Vergewaltigung) gegenüber. In einer 10 Klasse stellte ich bei der Behandlung der menschlichen Entwicklung klar heraus: Volles Menschsein beginnt mit der befruchteten Eizelle. Dies missfiel einigen Kollegen, deren Kinder ich in Biologie unterrichtete. Es war für sie der willkommene Anlass, mich als Wertkonservativen hinauszudrängen. In einer Konferenz, die eher einem Schauprozess glich, diffamierten sie mich in unerträglicher Weise. Mein Entschluss stand fest: Ich beantragte Versetzung an ein anderes Gymnasium. Es war unter meiner Würde, weiter mit solchen „Kollegen" zusammenzuarbeiten. Die Bitte des Direktors, der Eltern und Schüler zu bleiben, lehnte ich höflich, aber bestimmt ab.

Am Gymnasium Gengenbach fand ich günstige Voraussetzungen für konstruktives Wirken: besser eingerichtete naturwissenschaftliche Sammlungen, ein weltoffenes Kollegium und eine wohlwollende Schulleitung erleichterten mir den Einstieg erheblich. Hier konnte ich zwei Jugendträume erfüllen: Die Erteilung von Kunstunterricht und die Produktion von Spielfilmen. Dies kam folgendermaßen zustande: Nebenbei erzählte ich dem Direktor, dass ich leidenschaftlich gern zeichne und male. Sofort fragte er mich: Können Sie nicht einige Unterstufenklassen übernehmen?" Auch ohne akademische Ausbildung sagte ich sofort zu. Mit 10 Jahren pädagogischer Erfahrung hatte ich keine Disziplinschwierigkeiten. Meine Schüler waren sehr gut motiviert. Selbst Kinder, die behaupteten, sie seien nicht für Zeichnen und Malen begabt, entdeckten rasch ihre Fähigkeiten. Einige verbesserten sich bei Leistungen in Kernfächern wie Deutsch nach Aussagen ihrer Eltern deutlich. Erklärung: Durch Hebung des Selbstwertgefühls im musischen Bereich entdeckten sie ihr Können such in anderen Fächern.

Durch Besuch von Malakademien, geleitet von Künstlern von Weltrang und durch Teilnahme an einem Drittfachstudium in Bildender Kunst versuchte ich zumindest teilweise, das fehlende Studium an der Kunstakademie zu ersetzen.

Ebenso erfüllte sich mein Jugendtraum, Spielfilme zu drehen. Schon in der Grundschule hat mich das Medium Film begeistert, geweckt durch den Schwarz-Weiß-Stummfilm 'Stadtmaus und Landmaus'. Nach Erlernen der Elementartechniken bot ich im Rahmen von Projekttagen die Verfilmung des von meiner Schwester geschriebenen Märchens 'Die goldene Rose' an. (Das gleichnamige Buch ist über Books on Demand erhältlich) Die

Resonanz war so gut, dass ich, vom Direktor gefördert, eine ganzjährige Film-AG anbot. Insgesamt entstanden 45 Verfilmungen von Sagen, Märchen, Theaterstücken und Geschichten, die von Schülern oder von mir selbst verfasst wurden. Die Uraufführungen, umrahmt von musikalischen Darbietungen, waren jedes Mal ein Fest.

Ferner durfte ich mich als „Bodenpersonal" vermittels Unterrichtens an der von den Franziskanerinnen geleiteten Haushaltungsschule für die Anliegen der Mission einsetzen. Höhepunkt war auf Einladung der Schulleiterin von Futrono, Süd Chile, der Besuch der vorbildlich geleiteten Bildungsstätte.

Davon wird im folgenden Kapitel Näheres berichtet.

Das alles hätte ich mir an meinem früheren Dienstort nicht im Traum vorgestellt. Auch hier trifft der Vers von Erich Kästner zu: „Ein Mensch schaut auf den Weg zurück und sieht, sein Unglück war sein Glück."

16. WEIHNACHTEN MITTEN IM SOMMER

Nach 21stündigem Flug von Frankfurt aus werde ich in Santiago de Chile von der Leiterin der Missionsstation Futrono herzlich willkommen geheißen. Nach einer 12stündign nächtlichen Fahrt auf der Panamericana kommen wir völlig übernächtigt am Ziel der Reise an. Zusätzlich bereitet mir der Winter auf der Südhalbkugel und die Zeitumstellung Probleme. Nach der Begrüßung geht es gleich in die Festhalle, wo mir ein feierlicher

Empfang bereitet wird. Wie ein Staatsgast schreite ich die Ehrenformation ab, die von zweimal 40 Schülern in Schuluniform gebildet wird. Mit Fanfarenstößen werde ich begrüßt. Das anschließende, nachmittags füllende Programm wird von Schülern aller Altersstufen gestaltet, angefangen von Tänzen, die Kinder im Vorschulalter vorführen bis zum chilenischen Nationaltanz, arrangiert von jungen Erwachsenen. Besonders haben mich Indioweisen beeindruckt. Die Schwestern bemühen sich, die Eigenständigkeit der indigenen Ureinwohner zu fördern. Sie geben ihnen die Würde zurück, die ihnen die Kolonialherren genommen hatten.

Anschließend besuche ich Schüler, die im Internat untergebracht sind, meist Kinder aus armen Verhältnissen, ursprünglich häufig barfuß und in Lumpen gekleidet ins Internat eingetreten. Die Schwestern geben ihnen Kleidung und täglich eine warme Mahlzeit. Es herrscht eine Atmosphäre der Geborgenheit. Die Stimmung erinnert mich an Weihnachten. Wie freuten sich die Schüler, als ich ihnen Bleistifte 'Made in Germany' verteilte. In manchen Klassenzimmern bestand das „Inventar" aus einer Säge, mit der Bleistifte zwei- bis dreimal zerteilt wurden. Die jungen Leute baten mich, etwas in ihr Schulheft zu schreiben. Da fragte die Schulleiterin eine Oberstufenschülerin, ob sie jetzt zufrieden sei. Nein, sagte diese, sie wolle jetzt den ganzen Mann.

Beim Abschied umarmten mich alle, denen ich begegnet bin. Ich war von großer Freude, aber auch von Wehmut erfüllt und wünschte mir, alle wiederzusehen.

17. AUCH STALIN WAR ZUR HEILIGKEIT BERUFEN

Welchen Verlauf hätte die Geschichte Russlands und der übrigen Welt genommen, wenn Stalin, mit über 40 Millionen toter Sowjetbürger in Friedenszeiten einer der größten Massenmörder des 20. Jahrhunderts, seiner ursprünglichen Berufung, Priester zu werden, gefolgt wäre?

Denkbar wäre folgende Entwicklung: Angesichts der großen sozialen Ungerechtigkeit und des Elends in seiner Heimat Georgien und den daran angrenzenden Nachbarländern sympathisierte Stalin mit den Lehren von Marx, Engels und Lenin. Auf Grund seines christlichen Weltbildes wurde ihm klar, dass nicht durch Revolution, sondern nur durch das Vorbild des heiligen Franziskus und russischer Heiliger nach dem Prinzip der Liebe eine Wandlung zum Besseren möglich ist. Ihm schwebte eine Umgestaltung in der Art vor, dass reiche Grundbesitzer ihre Ländereien mit armen Bauern, Tagelöhnern und Leibeigenen teilen. Diese Pläne diskutierte er mit Lenin, der den Sozialismus gewaltsam durch Sturz des Zaren und Enteignung in Russland durchsetzen wollte. Stalin überzeugte ihn zunächst, dass seine Ansicht, Religion sei Opium fürs Volk, von Grund auf verkehrt sei. Stattdessen versuchten beide, Regierung, Wirtschaftslenker und vor allem Großgrundbesitzer zu überzeugen, in christlicher Verantwortung zu handeln und für soziale Gerechtigkeit einzutreten. Der Erfolg stellte sich prompt ein: Aus heruntergekommenen, verelendeten Landstrichen entstanden in wenigen Jahren blühende Landschaften. Und mehr noch: Dank des erstarkten Sozialstaates

hatte Hitler keinen Grund, seinen Einmarsch in Russland mit der Bekämpfung des Bolschewismus zu rechtfertigen. Auch damit wäre die Weltgeschichte anders verlaufen.

18. NEHMT GOTTES MELODIE IN EUCH AUF!

(Ignatius von Antiochien)

Naheliegend ist es, göttliche Melodien in Kompositionen großer Musiker zu hören. So lässt Johann Sebastian Bachs Werk etwas von der göttlichen Harmonie und Ordnung erahnen. Mozart versetzt uns in himmlische Sphären. Die schönsten Schöpfungen von Ludwig van Beethoven geben einen Einblick in höhere Welten. In der siebten Sinfonie erkenne ich mein eigenes Wesen. Ich empfinde die Polarität von Licht und Finsternis, den Kampf von finsteren und lichtvollen Wesen, die Seelenruhe und eine Vorahnung himmlischer Freuden. Der dritte Satz der neunten Sinfonie, der zweite Satz aus dem Trippelkonzert und der zweite Satz aus der Pathetique schenken mir inneren Frieden.

Göttliche Melodie erklingt auch in großen Bauwerken wie gotischen Kathedralen mit ihren zum Himmel sich erhebenden Türmen, zum Beispiel dem Freiburger Münsterturm.

Ähnliches kann man beim Betrachten mancher Gemälde erleben. Es seien besonders ausdrucksstarke Malereien wie das Weihnachts- und Auferstehungsbild des Isenheimer Altars in Colmar erwähnt.

Das Freiburger Münster, Radierung von Wolfgang Link

Aber auch rein weltliche Bilder, zum Beispiel Caspar David Friedrichs Wanderer über dem Nebelmeer und Zwei Männer, den Mond betrachtend sind nur von ihrem metaphysischen Gehalt her zu verstehen.

Geht man wachen Auges durch die Welt, so begegnet einem ständig göttliche Melodie im Plätschern eines Baches, im Brausen des Meeres, im Gesang der Nachtigall, in der Erhabenheit der Berge und in der ungeheuren Vielfalt und Kreativität der belebten Natur.

Beim aufmerksamen Hören der Stimme des Herzens kann man etwas von der göttlichen Melodie erahnen: Es ist wohltuend, wenn wir uns für das Gute entscheiden. Freundschaft und Liebe sind Antworten auf die göttliche Melodie, ebenso auch die Bereitschaft zur Vergebung sowie der Ruf der inneren Stimme nach Sinnerfüllung.

Göttliche Melodie kann der gläubige Mensch auch in der Bibel hören, allem voran der Psalm 23: Der Herr ist mein Hirte, nichts wird mir fehlen...und zahlreichen Stellen im Neuen Testament, krönend im letzten Kapitel der Geheimen Offenbarung des Apostels Johannes. Sie enthält die Vision vom neuen Jerusalem und gibt eine Ahnung von der ewigen Herrlichkeit.

19. EINE WUNDERHEILUNG

August 2007. Eine Gruppe Wallfahrer ist auf dem Weg nach La Verna, Umbrien zur Einsiedelei des hl. Franziskus, unter ihnen auch ich. Damals litt ich an schweren Depressionen, Spätfolge des Bombenterrors, den ich bei der Bombardierung meiner Heimatstadt Freiburg mit zweieinhalb Jahren erlebte. Jeder

Dritte, der dies als Kleinkind erduldete, ist davon betroffen. Nach Aussagen von Fachärzten ist diese Krankheit unheilbar. Keine guten Aussichten, sind doch Depressionen schwerer zu ertragen als die meisten organischen Erkrankungen. Doch der Glauben an eine Wunderheilung gab mir Hoffnung und Zuversicht. In La Verna angekommen, war ich von der Ausstrahlung dieses Ortes sehr angetan. Es war eine wohltuende, heilsame Atmosphäre. Alle, denen ich begegnete, waren liebevoll.

An der Stelle in der Einsiedelei, an der Jesus mit Franziskus gesprochen hatte und in der Stigmata-Kapelle, wo der Heilige die Wundmale Christi empfing, betete ich um Heilung. Und oh Wunder: Von einem Tag auf den anderen wurde ich von Depressionen geheilt. Gott sei's gedankt!

20. DIE EDLE PERLE

Eine attraktive Ehefrau war am Boden zerstört, als ihr Mann nach sechs Jahren Ehe fremd ging. Es war für sie ein Schock. Sie sah zunächst keine Perspektive mehr in ihrem Leben. Glücklicherweise, das heißt wegen ihrer religiösen Verankerung hat sie den Gedanken, mit ihrem Leben Schluss zu machen, nicht in die Tat umgesetzt. Eine erneute Ehe schlug sie von vornherein aus.

Nachdem auch meine Ehe auf Grund der Treulosigkeit und seelischer Grausamkeit der Exfrau gescheitert war, wollte auch ich von einer neuen ehelichen Partnerschaft nichts mehr wissen. Zu viel Porzellan war zerschlagen.

Viele Jahre später. Im August 1991 besuchte ich ein Wochenseminar im Haus Lichtquell Todtmoos. Thema war: Sakrale Meditation - Heilung durch Liebe. Ich wollte meiner Schwester Heilung von ihrem Krebsleiden zukommen lassen. Leider lehnte sie dieses geistliche Angebot ab. Zwei Jahre starb sie an dieser tödlichen Krankheit.

Bei einer Morgenmeditation fiel mir eine Frau mit einer starken Ausstrahlung und einem gewinnenden Wesen auf. Ihre liebevolle Art begeisterte mich, und wir kamen uns schnell näher. Trotz einer Entfernung von über 400 Kilometern zwischen Gengenbach und Wuppertal trafen wir uns jeden Monat und erlebten wundervolle Stunden. Da spielte auch der große Altersunterschied - sie war 18 Jahre älter - keine Rolle. Wir standen uns in Freud und Leid bei. So war für sie der Tod ihrer Schwester infolge eines Verkehrsunfalls und meiner Schwester – sie hatte den Kampf gegen Krebs verloren - erträglicher. Auf uns beide traf die Lebensweisheit zu: Geteilte Freude ist doppelte Freude, geteilter Schmerz ist halber Schmerz.

Jahre später. Am Vorabend meines 67. Geburtstages gaben wir uns in romantischer Umgebung, im Schloss Pagodenburg, Rastatt, das Ja-Wort. In unserer siebenjährigen Ehe gab es nie ein böses Wort, dafür viel Liebe und Zuneigung. Diese Ehe war eine der besten Entscheidungen meines Lebens. Zwar trauerte ich auch drei Jahre nach ihrer Heimkehr ins ewige Vaterhaus um sie. Aber ich trage sie in meinem Herzen und bin sicher, sie dereinst wiederzusehen. Sie ist mein guter Schutzengel.

21. EINE WUNDERVOLLE BEGEGNUNG

Traurig schlendert ein Wandersmann durch die wiedererwachende Natur. Er hatte vor einigen Jahren seine Frau verloren, mit der er aufs Innigste verbunden war.

Vor einer Eiche blieb er stehen und entdeckte auf einem Ast ein Eichhörnchen, das zu ihm herunterschaute. Es wedelte mit dem Schwanz als Zeichen der Begrüßung. Zu seinem Erstaunen begann es zu sprechen und fragte ihn: „Warum bist du so traurig?" Und da erzählte ihm der Wanderer seine traurige

Geschichte. Da erwiderte ihm das Eichhörnchen: „Komm und folge mir! Ich werde dich an eine Stelle führen, wo du eine wundervolle Begegnung haben wirst. Dann wirst du nicht mehr traurig sein." Der Wanderer fragte sich: 'Ist das alles nur Traum oder Wirklichkeit?'

Wie von einer höheren Macht gelenkt, folgte er dem Eichhörnchen. Dieses führte ihn in einen geheimnisvollen, sagenumwobenen Wald mit uralten Eichen und dunklen Tannen, eine mystische Umgebung.

Plötzlich kam dichter Nebel auf. Ihm kam das Gedicht von Hermann Hesse in den Sinn:

Wie seltsam ist es, im Nebel zu wandern, kein Baum gleicht dem andern, jeder steht allein...

'Soll ich hier das Glück meines Lebens finden?' Enttäuscht setzte er sich auf einen Baumstrunk und schlief ein.

Im Traum erschien ihm eine liebenswürdige Fee mit einer Pfingstrose in ihrer Hand. Das erfüllte ihn mit Seligkeit.

In einem Dorf, das in einer wunderschönen Gegend gelegen war, lebte eine alleinstehende Prinzessin. Sie hatte tapfer eine schwere Krankheit überwunden und war dank des inneren Heilers und ihrer Willensstärke genesen. Aber sie litt noch immer an Schmerzen. Ein weiser Mann, der im gleichen Haus wohnte, gab ihr die Weisung: „Geh in den geheimnisvollen Wald! Dort wird dir jemand begegnen, der auf dich wartet. Es ist deine Berufung, ihn glücklich zu machen."

Und sie folgte seinem Rat, von einer inneren Stimme geleitet, in den geheimnisvollen Wald. Und zu ihrem Erstaunen wuchsen hier lauter Sonnenblumen. Ihr strahlendes Wesen glich selber einer Sonnenblume. Ihr Atem duftete nach Veilchen. Da lichtete sich der Nebel, und sie gewahrte den Wanderer. Als ein Strahl von ihrem Haupte auf sein Antlitz fiel, nahm er sie wahr und war von ihrem liebevollen Wesen verzaubert. Und wie staunte er: Das war dieselbe Frau, die ihm im Traum erschienen war.

Und sie begann zu sprechen: „Ich habe von deinem Alleinsein erfahren. Ich bin es, die dir im Traum erschienen ist. Deine Einsamkeit wird zu Ende gehen, wenn du dein Herz für mich öffnest." „Ja, mit Freuden!" entgegnete er.

In zärtlicher Zuneigung schlossen sie sich in die Arme und teilten fortan ihr Leben in Glück und Harmonie, in Freud und Leid. Und oh Wunder: Die Schmerzen der Prinzessin waren verschwunden.

LIEBE HEILT

Und sie erfuhren, dass ein DRITTER im Bunde sie geleitet.

Eines Morgens, kurz vor Sonnenaufgang, erblickten die beiden ein Bauwerk, das einem Schloss glich. Voller Erwartung gingen sie Arm in Arm, wie von einer höheren Macht geleitet, darauf zu. Die Eingangstür war verschlossen, und sie wollten schon umkehren. Da leuchtete über der Pforte eine Inschrift in goldenen Lettern:

ZUM HEILIGTUM
Tretet ein, ihr Gesegneten!

Und von selbst öffnete sich die Tür. Auf einem Aufgang, der mit roten Teppichen ausgelegt war, gelangten sie in einen großen Raum, dessen Wände und Decken mit Rubinen und Saphiren geschmückt war. Eine überirdisch schöne Musik erklang, und sie atmeten veilchenähnliche Düfte ein. Auf einem goldenen Thron sahen sie eine wunderschöne Lichtgestalt, die unendlich viel Wärme und Güte ausstrahlte. War das ein Engel, dem sie gegenüberstanden? Und das Lichtwesen begann zu sprechen:

„Willkommen, ihr Königskinder! Ich habe eure Sehnsucht nach Erfüllung vernommen und eure Tränen in Edelsteine verwandelt. Fortan soll euch Liebe, Harmonie, Wohlergehen beschieden sein. Ich werde euch die Kraft geben, Widerwärtigkeiten gemeinsam zu ertragen und Krankheiten zu besiegen. Heilung werde dir zuteil! Du hast deine Krankheit mit großer Tapferkeit überwunden und die Prüfung bestanden." Nach diesen Worten war die Lichtgestalt verschwunden, ebenso das Schloss. Aber die Freude über das Geschaute blieb lebenslang. Sie versprachen einander, in Treue ein Leben lang vereint zu sein. Und in ihrem Glück wanderten sie durch die Wälder, durch die Auen und priesen Gottes wunderbare Schöpfung.

Wem der große Wurf gelungen,
eines Freundes Freund zu sein,
wer ein holdes Weib errungen,
stimm' in unsern Jubel ein!

Friedrich von Schiller

22. EINES TAGES

Eines Tages werden sich ehemalige Feinde die Hand zur Versöhnung reichen

Eines Tages wird die ewige Friedensherrschaft Wirklichkeit

Eines Tages wird der Kampf ums Dasein dem friedlichen Miteinander weichen Der Löwe wird Gras fressen und der Wolf neben dem Lamme weiden (nach Jesaia)

Eines Tages werden Schwerter zu Pflugscharen umgeschmiedet und Soldaten zu friedlichen Zwecken eingesetzt

Eines Tages werden todbringende Krankheiten besiegt werden Eines Tages wird es weder Trauer noch Tränen geben

Eines Tages werde ich liebe Verstorbene wiedersehen

Und der auf dem Throne sitzt sagt: Siehe, ich mache alles neu

Offenbarung des Johannes 21,8

Vom gleichen Autor erschienen bei Books on Demand:

Die goldene Rose (2001)   ISBN 3/8311/1977/5

Nie wieder Krieg (2003)   ISBN 3-8334-0437X
Not und Elend von Krieg und Nachkriegszeit aus der Sicht von
Zivilpersonen

Stille Helden (2005)   ISBN 3-8334-2296-3

Schulanekdoten (2005)   ISBN 3-8334-2835-X
Heiteres und Nachdenkliches

Täglich ereignet sich Weihnachten   ISBN 978-3-73866450-3
Ein Lesebuch für das ganze Jahr (2014)

Lebensretter (2015)   ISBN 978-3-7386-6450-8
Geschichten, die zu Herzen gehen

Die Blaue Blume (2015)   ISBN 978-3-7386-6010-4
Blumengemälde mit klassischen und romantischen Gedichten

Eigene Betrachtungen und   ISBN 978-3-7504-8452-8

Weisheiten herausragender Persönlichkeiten (2019)

Es kam die gnadenvolle Nacht   ISBN 978-3-7494-4382-6

(2019)

Auferstanden (2020)   ISBN 978-3-7504-8549-5
Eindrucksvolle Glaubenszeugnisse zu Ostern

Oh wie schön ist deine Welt (2021) ISBN 978-3-7543-3575-8
Lobpreis der Schöpfung